Inhaltsverzeichnis

Abkürzungen: EL = Eßlöffel TL = Teelöffel MS = Messerspitze ml = Milliliter

Backgeheimnisse – Praktische Ratschläge

Backformen Backformen gibt es in dunkler und schwerer sowie heller und leichter Ausführung. Die dunklen sind wegen der besseren Backergebnisse zu bevorzugen. Die leichten Backformen bedingen eine längere Backzeit (5–10 Minuten) als in den folgenden Rezepten angegeben.
Backformen vor dem Backen mit weicher Butter sorgfältig einfetten (besonders Gugelhupfformen) und mit Vollkornsemmelbröseln dünn bestreuen. Bröselreste wieder aus der Form klopfen. Bei Mürbteigen braucht die Form (oder das Backblech) nicht eingefettet zu werden.

Backpulver Backpulver immer unter das Vollkornmehl mischen, nie direkt mit Flüssigkeiten in Verbindung bringen.

Dinkel Dinkel kann bei jedem Rezept den Weizen bis zu einem Drittel ersetzen. Das Gebäck wird dadurch noch lockerer.

Eier Eier immer zuerst in eine Tasse schlagen, damit keine Schale oder kein verdorbenes Ei in den Teig gelangen können.

Flüssigkeitsmengen Flüssigkeitsmengen, die in den Rezepten angegeben werden, können durch die Eiergröße, die Feinheit des Mehles oder den Klebergehalt der verschiedenen Weizensorten abweichen. Deshalb sollte die Flüssigkeit nicht auf einmal, sondern nach und nach zum Teig gegeben werden. Ist der Teig zu locker oder zu weich geworden, nachträglich etwas Weizenvollkornmehl dazugeben.

Hefe Hefe wird in einer lauwarmen Flüssigkeit, z. B. Wasser oder Milch, aufgelöst und mit einem Teil des Mehls zum Vorteig verrührt. Der Vorteig muß dickflüssig bis breiartig sein, damit er gut aufgeht.

Hefeteige

Hefeteige sind sehr viel unproblematischer in der Herstellung, als oft angenommen wird. Auch Ungeübte können sich mit Erfolg daranwagen. Hefeteig gelingt auch dann, wenn er ohne Eier, mit Wasser statt Milch und mit wenig Fett zubereitet wird. Die Hefe muß allerdings frisch sein und die Flüssigkeit, in der die Hefe aufgelöst wird, lauwarm, aber nicht heiß. Auch die übrigen Zutaten sollten stets Zimmertemperatur haben.
Der Teig muß gut geschlagen oder geknetet werden und muß mindestens 2–3 mal gehen, zuerst der Vorteig, dann der Hauptteig und schließlich noch das geformte Gebäck oder der Teig in der Form. Um das Überlaufen zu verhindern, darf der Teig die Backform nur zur Hälfte füllen.

Honig

Honig, der zum Backen verwendet wird, muß weich oder flüssig und vor allem geschmacksneutral sein. Ein penetrant schmeckender Honig verliert auch seinen Geschmack beim Backen nicht.

Mürb- oder Knetteig

Mürb- oder Knetteig erfordert zur Herstellung am wenigsten Zeit; er muß sogar rasch und kurz bearbeitet werden. Der glatte Teig sollte vor der weiteren Behandlung 30 Minuten ruhen. Die verwendete Butter muß immer kalt sein, sonst klebt der Teig und läßt sich nicht auswalken.

Mürbteigkuchen

Mürbteigkuchen kann nach dem Erkalten sofort angeschnitten und gegessen werden. Sobald Mürbteigböden erkaltet sind, können sie mit Obst belegt werden. Sie können aber auch 8–14 Tage liegen (vor dem Austrocknen schützen) und dann belegt werden.

Rührkuchen

Rührkuchen sind gut 8–14 Tage haltbar. Um sie vor dem Austrocknen zu schützen, werden sie unter einer Kuchenhaube aufbewahrt. Den frisch gebackenen Rührkuchen zum Auskühlen auf ein Kuchengitter stellen und nach 3–5 Minuten aus der Form stürzen. Die gewölbte Kuchenoberseite wird – außer bei in Gugelhupfformen gebackenen Kuchen – gleich wieder nach oben gewendet. Er bleibt bis zum Erkalten auf dem Kuchengitter einige Stunden stehen. Rührkuchen sollten erst nach 1–2 Tagen angeschnitten werden.

Rührteige Rührteige müssen, wie schon der Name sagt, ausgiebig gerührt werden: Weiche Butter und weichen Honig cremig rühren und ein Ei nach dem anderen – dazwischen immer gut rühren – dazugeben. Sehr lockere Rührteige werden in einer mit Pergamentpapier (= Butterbrotpapier) ausgelegten Form gebacken. Die Form mit weicher oder zerlassener Butter einfetten, Papier an den 4 Ecken zur Mitte hin einschneiden und in die Form einpassen. Mit eingefettetem Pinsel an den Ecken zusammenkleben. Dann Papier gut einfetten und evtl. noch dünn mit Vollkornsemmelbröseln bestreuen. Nach dem Backen kann der Kuchen nach 10–15 Minuten mit Hilfe des überstehenden Kuchenpapiers aus der Form gehoben und auf ein Gitter gestellt werden.

Rührteige werden mit einem Holzstäbchen, das vorsichtig in den Kuchen gestochen wird, geprüft. Wenn kein Teig mehr am Stäbchen kleben bleibt, ist der Kuchen durchgebacken.

Rührteig darf die Backform nur zu drei Vierteln füllen, um ein Überlaufen zu vermeiden.

Teigschüsseln Teigschüsseln aus Chromargan, Porzellan oder Steingut eignen sich am besten zur Kuchenherstellung. Leider sind die meisten Schüsseln der elektrischen Rührgeräte aus Plastik.

Temperatur des Ofens Richtige Temperatureinstellung des Ofens ist für das gute Gelingen des Backwerks wichtig. Bei zu geringer Hitze besteht die Gefahr, daß der Kuchen während des Backens zusammenfällt und somit innen fest und glitschig wird. Bei zu großer Hitze wird das Gebäck außen zu schnell braun und bleibt innen teigig. Die meisten Herde haben heute einen Thermostaten, der die Temperatur automatisch regelt. Bei Gasherden wird meist die halbe Flammengröße eingestellt, bei Rührteigen nur ein Drittel.

Zitronen

Zitronen müssen, wenn die Schale verwendet werden soll, immer unbehandelt sein. Zitrone waschen und das Gelbe der Schale dünn auf einer feinen Reibe in das Mehl oder in die Teigschüssel reiben.

Zutaten

Zutaten, wie im Rezept angegeben, immer abwiegen, nicht schätzen. Honig kann direkt in die Backschüssel (Gewicht vorher bestimmen) zu den übrigen Zutaten zugewogen werden.

Apfelkuchen mit Rahmguß

Mürbteig:
250 g Weizenvollkornmehl
1 MS Vollmeersalz
2 MS Zimt
1 TL Backpulver
1 Ei
80 g Honig
70 g Butter

Belag:
600 g Äpfel, netto
2 MS Zimt

Rahmguß:
2 Eidotter
100 g Honig
125 g Sauerrahm
2 gestrichene EL Naturreis (25 g)
1 EL Rum 40%
2 Eiweiß
1 Prise Vollmeersalz

Abb. S. 8

Frisch gemahlenes Weizenvollkornmehl in einer Schüssel mit Salz, Zimt und Backpulver mischen. Eine Vertiefung drücken und darin Ei und Honig verrühren. Kalte Butter klein darüberschneiden und alles rasch zusammenkneten. Teig 30 Minuten ruhen lassen.

Teig in eine ungefettete Springform (Ø 26 cm) breiten, einen 3 cm hohen Rand hochdrücken und diesen mit dem Teigrädchen gleichmäßig abrädeln. Teigboden mit feingeschnittenen, geschälten Äpfeln belegen. Im vorgeheizten Ofen bei 200°, mittlere Schiene, 10 Minuten vorbacken.

In der Zwischenzeit Eidotter mit Honig cremig rühren, Sauerrahm, frisch und fein gemahlenen Naturreis und Rum dazurühren. Eiweiß mit einer Prise Salz steifschlagen und unterheben.

Vorgebackenen Kuchen aus der Röhre nehmen, Obst mit Zimt bestreuen und Rahmguß gleichmäßig darüber verteilen. Kuchen bei 175°, mittlere Schiene, weitere 40–45 Minuten, bis zur hellen Bräunung des Gußes, weiterbacken. Auf einem Gitter auskühlen lassen.

Dieser Kuchen schmeckt frisch gebacken am besten.

Variation:

800 g Rhabarber, netto

Statt mit Äpfeln kann der Kuchen mit Rhabarber zubereitet werden.
Frischen Rhabarber waschen und ungeschält in ca. 2 cm lange Stücke schneiden. Weitere Zubereitung wie bei Apfelkuchen.

Apfelkuchen, versenkt

Butter und Honig cremig rühren und die Eier nacheinander dazurühren. Schichtkäse, abgeriebene Zitronenschale und die geriebenen Bittermandeln unterrühren. Frisch gemahlenes Weizenvollkornmehl mit Backpulver vermischt mit der Milch darunterrühren.

In einer gefetteten, gebröselten Springform (Ø 26 cm) Teig glattstreichen.

Äpfel schälen, halbieren und Kernhaus ausschneiden. Die Außenseite der Äpfel mit einer Gabel einritzen, im Zitronensaft wenden, auf den Teig legen, die eingeritzte Seite nach oben, und etwas eindrücken.

Bei 180°, unterste Schiene, im vorgeheizten Backofen ca. 45 Minuten backen.
Nach dem Backen warmen Kuchen und Äpfel mit Akazienhonig bestreichen.
Auf einem Gitter auskühlen lassen.

Rührteig:
125 g Butter
125 g Honig
2 Eier
100 g Schichtkäse
(= fester Quark)
Schale von 1 Zitrone, unbehandelt
12 Bittermandeln
⅛ l Milch
250 g Weizenvollkornmehl
2 TL Backpulver

Belag:
1 kg große Äpfel, weiche Sorte, z. B. Boskop
Saft von 1 Zitrone, unbehandelt

2 TL Akazienhonig

Obstkuchen: Wiener Aprikosenkuchen, Apfelkuchen mit Rahmguß, Johannisbeerkuchen mit Streuseln

Barbarakuchen

Rührteig:
200 g Butter
Schale von 1 Zitrone, unbehandelt
150 g Honig
4 Eier
300 g Weizenvollkornmehl
1 TL Backpulver
⅛ l Milch

Guß:
Saft von 1 großen Zitrone, unbehandelt (= 6 EL)
50 g Akazienhonig

Abb. S. 34

Butter cremig rühren, abgeriebene Zitronenschale dazugeben. Nach und nach Honig, Eier und das frisch gemahlene Weizenvollkornmehl mit Backpulver gemischt abwechselnd mit Milch darunterrühren.

Teig in eine mit gefettetem Pergamentpapier ausgelegte Kastenform (25 cm) füllen und auf der 2. Schiene von unten bei 165° ca. 50 Minuten im vorgeheizten Backofen backen. Mit Holzstäbchen prüfen!

Kuchen mit Hilfe des Pergamentpapiers aus der Form heben und auf ein Kuchengitter stellen. Zitronensaft mit Honig verrühren und mit einem Pinsel auf den heißen Kuchen streichen und einziehen lassen.

Papier erst am folgenden Tag, vor dem Anschneiden, entfernen.

Dieser Kuchen hält sich gut 10–14 Tage frisch.

Bauernapfelkuchen

Hefeteig:
500 g Weizenvollkornmehl
¼ l Milch
40 g Hefe

80 g Butter
80 g Honig
Schale von 1 Zitrone, unbehandelt
1 MS Vollmeersalz

Belag:
800–1000 g Äpfel, z. B. Sorte Boskop
Saft von 1 Zitrone, unbehandelt
100 g Rosinen, ungeschwefelt
50 g Butter

Abb. S. 20/21

Frisch gemahlenes Weizenvollkornmehl in eine Schüssel geben, Vertiefung hineindrücken und darin die in lauwarmer Milch aufgelöste Hefe mit Mehl zu einem dicklichen Brei verrühren. Mit Mehl bestäubt 15 Minuten gehen lassen.

Zerlassene Butter, Honig, abgeriebene Zitronenschale und Salz dazugeben. Alles gut zu einem geschmeidigen Teig kneten. Mit Mehl bestäubt ca. 30 Minuten gehen lassen.

Äpfel schälen, achteln, Kernhaus herausnehmen und in Zitronensaft wälzen. Auf gefettetem Blech Teig auswalken (nasses Tuch unter das Blech legen), dicht mit Apfelachteln belegen und mit gewaschenen Rosinen bestreuen. Butter zerlaufen lassen und mit Pinsel Apfelschnitze damit bestreichen.

In den kalten Backofen schieben und bei 200° auf der zweiten Schiene von unten ca. 35 Minuten backen.

Abgekühlt in Stücke schneiden und servieren.

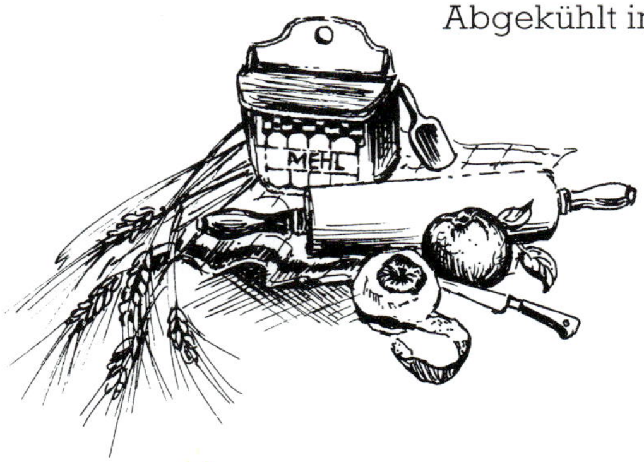

Bienenstich

Hefeteig:
450 g Weizenvollkornmehl
¼ l Milch
40 g Hefe

60 g Honig
60 g Butter
2 MS Vollmeersalz
Schale von 1 Zitrone, unbehandelt

Belag:
60 g Butter
100 g Honig
3 EL Sahne
1 MS Vanille
150 g abgezogene Mandeln

Füllung:
100 g Butter
100 g Honig
2 MS Vanille

⅛ l Wasser
40 g Weizenvollkornmehl (3 EL)

Frisch gemahlenes Weizenvollkornmehl in eine Schüssel geben, Vertiefung hineindrücken und darin die in lauwarmer Milch aufgelöste Hefe mit etwas Mehl zu einem dicklichen Brei rühren. Mit Mehl bestäubt ca. 15 Minuten gehen lassen.

Honig, zerlassene Butter (1 TL zurücklassen), Salz und abgeriebene Zitronenschale zum gegangenen Teig geben und alles gut kneten, bis der Teig geschmeidig ist. Teig in der zurückgelassenen Butter wälzen und 30 Minuten zugedeckt gehen lassen.

Butter, Honig, Sahne und Vanille aufkochen, abgezogene, gehackte oder gestiftelte Mandeln dazurühren und erkalten lassen.

Gegangenen Teig glatt in eine gefettete Springform (Ø 26 cm) drücken und Mandelbelag gleichmäßig darauf verstreichen. Einige Minuten angehen lassen, dann bei 200° auf mittlerer Schiene ca. 25 Minuten backen. Auf ein Gitter stellen und auskühlen lassen. Mit Messer vorsichtig Mandelbelag vom Springformrand lösen und Kuchen auf eine Platte legen. Mit scharfem Messer quer durchschneiden und mit Kuchenretter obere Hälfte wegnehmen.

Wasser mit frisch gemahlenem Weizenvollkornmehl unter Rühren erhitzen. Wenn der Brei dick wird, von der Kochstelle nehmen und erkalten lassen. Butter, Honig und Vanille schaumig rühren und löffelweise den Brei dazurühren. Fertige Creme auf den Kuchen streichen, obere Hälfte auflegen und 1–2 Stunden kühl stellen.
Bienenstich sollte kühl gereicht werden.

Birnenkuchen William

Mürbteig:
250 g Weizenvollkornmehl
2 MS Backpulver
2 MS Zimt
1 MS Vollmeersalz
Schale von ½ Zitrone, unbehandelt
1 Ei
80 g Honig
80 g Butter

Belag:
300 g Schichtkäse (= fester Quark)
100 g Honig
1 MS Vanille
2 MS Agar-Agar
200 g Sahne
600 g reife, saftige Birnen
Saft von ½ Zitrone, unbehandelt
2 MS Kakao

Abb. S. 26/27

Frisch gemahlenes Weizenvollkornmehl in einer Schüssel mit Backpulver, Zimt, Salz und fein geriebener Zitronenschale mischen. In der Mehlmitte Ei und Honig verrühren und die kalte Butter darüberschneiden. Alles rasch zu einem glatten Teig verkneten und diesen 30 Minuten ruhen lassen.

Eine Obsttortenform (Ø 28 cm) glatt mit dem Teig auslegen oder in einer Springform (Ø 26 cm) verteilen und 1 cm Rand hochdrücken.
Bei 200°, 2. Schiene von unten, 15–20 Minuten backen. Den fertigen Boden auf ein Gitter stürzen oder aus der Springform nehmen.

Schichtkäse mit Honig, Vanille und Agar-Agar verrühren. Sahne steif schlagen, die eine Hälfte in eine Garnierspritze füllen, die andere Hälfte unter die Quarkcreme ziehen. Creme auf den Mürbteigboden streichen.

Birnen aufschneiden, entkernen und achteln. In Zitronensaft wenden und kreisförmig und dicht auf die Quarkcreme legen.
Kakao in ein Teesieb geben und über den Kuchen streuen. Kuchenrand mit der in die Garnierspritze gefüllten Sahne garnieren.

Dieser Kuchen sollte erst einige Stunden vor dem Verzehr mit Creme und Birnen belegt und leicht gekühlt gereicht werden.

Der Mürbteigboden kann auch zum Belegen mit frischem Obst Verwendung finden.
Obstbelag und Guß siehe Erdbeerkuchen S. 13, oder Obstkuchen Regina S. 35.

6/06

Erdbeerkuchen

Eier mit Honig und heißem Wasser so lange mit dem elektrischen Rührgerät rühren, bis eine dicke cremige Masse entstanden ist. Frisch gemahlenes Weizen- und Dinkelvollkornmehl mit Backpulver mischen und mit einem Schneebesen unter die cremige Masse ziehen.
Butter zerlassen, Obstkuchenform (Ø 28 cm) gut damit einpinseln und anschließend bröseln. Restliche Butter unter den Teig ziehen.

Teig in Obstkuchenform füllen und bei 175°, unterste Schiene, 15–20 Minuten backen. Kuchen nach dem Backen auf ein Gitter stürzen und Form abnehmen. Heißluft 150°C

Nach dem Abkühlen Teigboden mit honiggesüßter Marmelade bestreichen und dicht mit halbierten Erdbeeren belegen. 12 Erdbeeren mit Stiel zum Verzieren zurücklassen.

Apfelsaft mit Zimt, Honig und Agar-Agar verrühren, erhitzen und eßlöffelweise von der Kuchenmitte beginnend nach außen über die Erdbeeren gießen.

Kuchen kühl stellen. Vor dem Servieren auf jedes Kuchenstück einen großen Sahnetupfer spritzen und je eine Erdbeere mit dem Stiel nach oben hineinstecken.

Der Teigboden kann auch mit anderem frischen, reifen Obst wie z. B. Aprikosen, Pfirsichen, Ananas, Kiwis, Bananen, Sauerkirschen belegt werden.

Rührteig:
2 Eier
80 g Honig
2 EL heißes Wasser
60 g Weizenvollkornmehl
60 g Dinkelvollkornmehl
2 MS Backpulver
20 g Butter

Belag:
200 g honiggesüßte Rohmarmelade Kuvertüre
650 g Erdbeeren

Guß:
¼ l Apfelsaft, naturrein
2 MS Zimt
1 TL Honig
1 TL Agar-Agar
Tortenguß klar m. Apfelsaft

Abb. S. 26/27

Käsekuchen, Streusel-Käsekuchen Lisa

Fränkischer Apfelkuchen

In einer Schüssel das frisch gemahlene Weizenvollkornmehl mit Backpulver, Salz und Zimt mischen, in der Mitte Honig und Eier (½ Dotter zum Bestreichen zurückbehalten) mit etwas Weizenvollkornmehl verrühren, kalte Butter darüberschneiden und alles rasch zusammenkneten. Teig 30 Minuten ruhen lassen.

Mit ⅔ des Teiges eine Springform (∅ 26 cm) auslegen, 2 cm Rand hochdrücken und mit dem Teigrädchen abrädeln.
Auf bemehlter Arbeitsfläche restlichen Teig auswalken und in 12 etwa 1 cm breite Streifen rädeln.

Äpfeln vierteln, entkernen, bei Bedarf schälen und fein reiben. Zitrone mit Honig (Menge ist von der Apfelsorte abhängig) und Vanille verrührt unter die geriebenen Äpfel ziehen. Das rohe Apfelmus auf den Teig in der Springform glatt verstreichen.

Mit den 12 Teigstreifen gitterförmig belegen (6 Streifen in einer Richtung, die restlichen 6 Streifen so darüber legen, daß ein Rautenmuster entsteht). Das zurückgelassene halbe Eigelb mit einigen Tropfen Wasser verdünnt mit Pinsel auf das Gitter streichen.

Bei 180°, 2. Schiene von unten, ca. 30–35 Minuten backen.
Auf einem Kuchengitter auskühlen lassen. Springformrand nach einigen Minuten abnehmen.

Mürbteig:
350 g Weizenvollkornmehl
1 TL Backpulver
1 MS Vollmeersalz
2 gestrichene TL Zimt
100 g Honig
2 Eier
100 g Butter

Apfelmus:
900 g Äpfel, netto
Saft von ½ Zitrone, unbehandelt
50–75 g Honig
2 MS Vanille

Fränkische Knieküchle

Hefeteig:
750 g Weizenvollkornmehl
¼ l Milch
40 g Hefe

25 g Butter
2 MS Vollmeersalz
125 g Honig
1 Ei
Saft und Schale von 1 Zitrone, unbehandelt

25 g Butter

Zum Ausbacken:
1 kg Butterschmalz oder -fett

Hefe in lauwarmer Milch auflösen. In eine Teigschüssel das frisch gemahlene Weizenvollkornmehl geben. In die Mehlmitte die aufgelöste Hefe gießen. Mit etwas Mehl zu einem dicklichen Brei verrühren und mit Mehl bestäubt 15 Minuten gehen lassen.

Die weiche Butter, Salz, Honig, Ei, Zitronensaft und -schale zum gegangenen Vorteig geben und mindestens 5 Minuten gut durchkneten.
Statt mit Streumehl den Teig mit weicher Butter leicht einfetten und 1 Stunde gehen lassen.
Den gegangenen Teig nochmals kurz durchkneten, in 16 Teile schneiden und diese rund wirken, ∅ ca. 8 cm.

Das Fett erhitzen. Ein Stück des angegangenen Teiges mit dem Handballen flach drücken und mit gefetteten Händen Teig aus der Mitte zum Rand ziehen, ∅ 12–14 cm. Der Teigrand soll ca. 1 cm dick und rund sein, die Teigmitte dünn. In früheren Zeiten wurde dies so erreicht, daß das flachgedrückte Teigstück über das angewinkelte Knie gezogen und dabei gedreht wurde. Daher der Name »Knieküchle«.

Dieses Teigstück nun ins heiße Fett einlegen, Topf mit Deckel schließen, nach ca. 1 Minute Backzeit wenden und im offenen Topf fertigbacken. Die dünne Teigmitte bleibt heller als der Rand. Herausnehmen und auf ein Gitter legen.

Die Küchle schmecken nicht nur frischgebacken, sondern auch noch nach 2 Tagen gut.

21/05

Griechischer Nußkuchen

Butter und Honig cremig rühren und die Eier nacheinander dazurühren. Das frisch gemahlene Weizenvollkornmehl mit Vanille, Zimt und Backpulver mischen und hineinrühren. Langsam die Milch dazugeben und die grob gebrochenen Walnüsse unterziehen.

Den Teig in eine mit Pergamentpapier ausgelegte, gefettete und gebröselte Kastenform (30 cm) füllen. Im vorgeheizten Ofen, 2. Schiene von unten, bei 165° ca. 50 Minuten backen.

Nach dem Backen mit dem Papier aus der Form nehmen und auf ein Gitter stellen. Pergamentpapier erst am nächsten Tag entfernen.

Orangensaft mit Honig verrühren und mit einem Pinsel den heißen Kuchen damit tränken. 1–2 Tage durchziehen lassen. Mit geschlagener Sahne reichen.

Rührteig:
200 g Butter
200 g Honig
4 Eier
400 g Weizenvollkornmehl
1 MS Vanille
2 TL Zimt
1½ TL Backpulver
⅛ l Milch
200 g Walnußkerne

Guß:
Saft von 2 Orangen (= ¼ l), unbehandelt
50 g (= 2 EL) Akazienhonig

Abb. S. 34

Hefebutterkuchen

Hefeteig:
600 g Weizenvolllkornmehl
gut ¼ l Milch
40 g Hefe

75 g Butter
75 g Honig
1 Ei
2 MS Vollmeersalz
Schale von 1 Zitrone, unbehandelt

Belag:
90 g Butter
150 g Honig
200 g Sauerrahm
1 TL Zimt
150 g Mandeln, gehobelt

Abb. S. 20/21

Frisch gemahlenes Weizenvollkornmehl in eine Schüssel geben, eine Vertiefung drücken und darin die in lauwarmer Milch aufgelöste Hefe mit etwas Mehl zu einem dicklichen Brei rühren. Mit etwas Mehl bestäuben und 15 Minuten gehen lassen.

Zerlassene Butter, Honig, Ei, Salz und abgeriebene Zitronenschale zum gegangenen Vorteig rühren und alles 5 Minuten gut durchkneten, bis der Teig geschmeidig ist. Mit einem Tuch bedeckt 45 Minuten gehen lassen.

Belag: Butter in einer Pfanne zerfließen lassen, in eine Schüssel geben und Honig, Sauerrahm und Zimt dazurühren und Mandeln unterheben.

Gegangenen Teig auf einem gefetteten Backblech glatt auswalken (nasses Tuch unter das Blech legen) und viele Male mit einer Gabel einstechen. Abgekühlten Belag glatt darauf verstreichen und Teig nochmals 15 Minuten gehen lassen.

Bei 200°, mittlere Schiene, im vorgeheizten Ofen 25 Minuten backen. Auf ein Gitter stellen und auskühlen lassen.

Honig-Krokant-Ecken

Frisch gemahlenes Weizenvollkornmehl mit Backpulver, Salz und abgeriebener Zitronenschale mischen, Honig dazuwiegen und die kalte Butter in kleinen Stückchen darüberschneiden. Alles rasch zusammenkneten und den Teig ½ Stunde ruhen lassen. Danach auf einem ungefetteten Backblech glatt auswalken (um ein Wegrutschen des Backbleches zu vermeiden, nasses Tuch unter das Blech legen).

Belag: Butter, Honig und Sahne erhitzen, grob gehackte Haselnüsse bzw. gestiftelte Mandeln mit dem Gewürz dazugeben, gut unterrühren und abkühlen lassen. Mit einer Teigkarte glatt auf dem ausgewalkten Mürbteig verteilen.

Bei 200° auf der mittleren Schiene in den vorgeheizten Ofen schieben und 15–20 Minuten backen. Blech auf einem Gitter abkühlen lassen.

Anschließend Dreiecke herstellen: Zuerst Streifen, dann Quadrate und daraus Dreiecke in beliebiger Größe schneiden. Der Haselnuß- oder Mandelbelag sind für je ein ganzes Blech ausreichend.

Nach Belieben kann von jedem Belag nur das halbe Quantum zubereitet und auf den Mürbteigboden in zwei Hälften aufgestrichen werden. Der Belag mit den abgezogenen Mandeln bekommt beim Backen eine hellere, der Haselnußbelag eine dunklere Farbe. Auf einem Kuchenteller angerichtet, wird durch die Farbunterschiede eine dekorative Wirkung erzielt.

Mürbteig:
500 g Weizenvollkornmehl
1 TL Backpulver
1 MS Vollmeersalz
Schale von 1 Zitrone, unbehandelt
150 g Honig
250 g Butter

etwas Streumehl

Haselnußbelag:
120 g Butter
200 g Honig
6 EL Sahne
1 TL Zimt
250 g Haselnüsse

oder

Mandelbelag:
120 g Butter
200 g Honig
6 EL Sahne
½ TL Vanille, natur
250 g abgezogene Mandeln

Abb. S. 20/21

Abb. folgende Seiten:
Blechkuchen:
Prasselkuchen,
Hefebutterkuchen,
Honig-Krokant-Ecken,
Bauernapfelkuchen,
Kirschkuchen vom Blech,
Zwetschgendatschi

Johannisbeer-Streusel-Kuchen

Mürbteig:
250 g Weizenvollkornmehl
2 MS Backpulver
1 MS Vanille
Schale von ½ Zitrone, unbehandelt
1 MS Vollmeersalz
1 Ei
80 g Honig
80 g Butter

Belag:
4 EL Haferflocken
650 g Johannisbeeren, frisch oder tiefgekühlt

Streusel:
200 g Weizenvollkornmehl
1 TL Zimt
2 MS Vanille
100 g Butter
120 g Honig

Abb. S. 8

Frisch gemahlenes Weizenvollkornmehl in eine Schüssel geben und mit Backpulver, Vanille und abgeriebener Zitronenschale mischen. In einer Vertiefung Ei und Honig verrühren, kalte Butter darüberschneiden und alles rasch zusammenkneten. Teig 30 Minuten ruhen lassen.

Streuselzubereitung: Frisch gemahlenes Weizenvollkornmehl mit Zimt und Vanille mischen, mit zerlassener, abgekühlter Butter und Honig verrühren und kühl stellen.

Mit dem Mürbteig Springform (∅ 26 cm) auslegen. Rand 2 cm hochziehen und mit Teigrädchen glatt abrädeln.
Teigboden mit fein gemahlenen Haferflocken bestreuen und Johannisbeeren (Stiele entfernen) darauf verteilen. Den Streuselteig darüberkrümeln.

Bei 200°, 2. Schiene von unten, ca. 30–35 Minuten backen. Auf einem Gitter auskühlen lassen. Nach einigen Minuten Springformrand lösen. Nach dem Erkalten vom Springformboden abheben.

Variation:

1200 g Zwetschgen

Statt Johannisbeeren können Früh- oder Spätzwetschgen, oder tiefgekühlte Zwetschgen verwendet werden.

Zwetschgen entkernen und 2 mal einschneiden. Damit den mit Haferflocken bestreuten Teigboden belegen.
Tiefgekühlte Zwetschgen leicht auftauen und abtropfen lassen.

Backvorgang wie oben beschrieben. Die Backzeit ist bei Tiefkühlobst ca. 10–15 Minuten länger als bei Frischobst.

15.1.05

ohne Rosinen nicht süß genug sonst lecker

Käsekuchen

Mürbteig:
250 g Weizenvollkornmehl
1 MS Vollmeersalz
1 TL Backpulver
1 Ei
75 g Honig
80 g Butter

Füllung:
50 g Butter
125 g Honig
2 Eigelb
2 MS Vanille
Schale von 1 Zitrone, unbehandelt
750 g Schichtkäse (= fester Quark)
50 g Weizenvollkornmehl
⅛ l Milch
100 g Sultaninen, ungeschwefelt
3 Eiweiß
1 MS Vollmeersalz

zum Bestreichen:
1 Eigelb
1 TL Milch

Abb. S. 14

In einer Schüssel frisch gemahlenes Weizenvollkornmehl mit Salz und Backpulver mischen. In einer Vertiefung Ei und Honig mit dem Weizenvollkornmehl verrühren, kalte Butter darüberschneiden und alles rasch zusammenkneten. 30 Minuten ruhen lassen.

Mit dem Teig Springform (∅ 26 cm) auslegen, ca. 3 cm hohen Rand drücken und diesen gleichmäßig mit dem Teigrädchen abrädeln. Teigboden mit Gabel einige Male einstechen.

Butter, Honig und Eigelb cremig rühren, Vanille und abgeriebene Zitronenschale dazugeben und Schichtkäse unterrühren.
Fein gemahlenes Weizenvollkornmehl unter die Käsefüllung heben. Milch dazurühren, gewaschene Sultaninen und den mit Salz geschlagenen Eischnee unterheben.

Käsefüllung auf dem Teigboden glatt verteilen. Eigelb mit 1 TL Milch verrühren und die Oberfläche der Käsefüllung vorsichtig mit Pinsel bestreichen. Im vorgeheizten Backofen bei 175°, unterste Schiene, 50–55 Minuten backen.

Fertigen Kuchen herausnehmen, auf ein Gitter stellen und nach 5 Minuten den Springformrand lösen. Danach Kuchen mit der Oberseite auf eine Porzellanplatte stürzen und Springformboden wegnehmen. Dadurch fällt der Kuchen nicht ungleichmäßig zusammen, sondern bekommt eine ganz glatte Oberfläche.

Nach 10 Minuten Kuchen wieder umdrehen, die Porzellanplatte vorsichtig entfernen und auf Kuchengitter weiter auskühlen lassen.

Karotten-Gewürzkuchen

Rührteig:
50 g Butter
200 g Honig
2 Eier
4 TL dunkler Kakao oder Karobe
2 TL Zimt
½ gestrichener TL Nelken, gemahlen
4 TL Backpulver
400 g Weizenvollkornmehl
¼ l Milch

100 g Sultaninen, ungeschwefelt
100 g Feigen
50 g Zitronat
50 g Haselnüsse
200 g Karotten

Butter mit Honig cremig rühren und Eier nacheinander dazugeben. Kakao, Zimt, Nelken und Backpulver unter frisch gemahlenes Weizenvollkornmehl mischen und abwechselnd mit der Milch dazugeben. Gewaschene Sultaninen, klein geschnittene Feigen und Zitronat, grob gehackte Haselnüsse und fein geriebene Karotten unter den Teig heben.

Kastenform (30 cm) gut fetten, einbröseln und mit dem Teig füllen. Im vorgeheizten Ofen bei 175°, unterste Schiene, 1 Stunde backen.

Dann auf ein Gitter stürzen. Kuchen wenden und vor dem Verzehr einige Tage durchziehen lassen. Dieser Kuchen ist 2–3 Wochen haltbar.

Kirschkuchen mit Mandelstreuseln

Mürbteig:
250 g Weizenvollkornmehl
1 MS Vanille
Schale von ½ Zitrone, unbehandelt
1 MS Vollmeersalz
2 MS Backpulver
1 Ei
100 g Honig
80 g Butter

Belag:
4 EL Haferflocken
650 g Kirschen oder Sauerkirschen

Streusel:
120 g Weizenvollkornmehl
50 g Mandeln
6 Bittermandeln
2 MS Zimt
80 g Honig
100 g Butter

Frisch gemahlenes Weizenvollkornmehl mit Vanille, abgeriebener Zitronenschale, Salz und Backpulver in einer Schüssel mischen. Eine Vertiefung drücken und darin Ei und Honig verrühren, kalte Butter darüberschneiden, alles rasch zusammenkneten, dann Teig 30 Minuten ruhen lassen.

Streusel: Frisch gemahlenes Weizenvollkornmehl mit fein geriebenen Mandeln, Bittermandeln und Zimt mischen, Honig und zerlassene oder weiche Butter untermengen und zusammenkneten. Teig 30 Minuten kühl stellen.

Mit dem Mürbteig eine Springform (Ø 26 cm) auslegen, 2 cm Rand hochziehen und diesen mit Teigrädchen glatt abrädeln. Auf dem Teigboden fein gemahlene Haferflocken verteilen.

Teig mit entsteinten Kirschen belegen, den gekühlten Streuselteig darüber verkrümeln.

Bei 200°, mittlere Schiene, ca. 30 Minuten backen.

Auf einem Gitter auskühlen lassen, nach einigen Minuten Springformrand entfernen und nach dem Abkühlen vom Blech nehmen.

Variation:

Statt Kirschen kann der Teig auch mit Rhabarber belegt werden: Frischer, zarter Rhabarber kann ungeschält, in 1–2 cm lange Stücke geschnitten, verwendet werden.

650 g Rhabarber, netto

Kirschkuchen, versenkt

Butter und Honig cremig rühren und Eier nacheinander dazugeben. Fein abgeriebene Zitronenschale, mit Backpulver gemischtes, frisch gemahlenes Weizenvollkornmehl und Milch unterziehen.

Teig in eine gefettete Springform (∅ 26 cm) streichen und mit entsteinten Kirschen belegen. Im vorgeheizten Ofen bei 175°, unterste Schiene, ca. 35 Minuten backen.
Kuchen 15 Minuten auf einem Gitter auskühlen lassen, dann auf eine Kuchenplatte heben.

Rum, Wasser und Honig verrühren und warmen Kuchen damit bestreichen.

Rührteig:
100 g Butter
125 g Honig
2 Eier
Schale von 1 Zitrone, unbehandelt
250 g Weizenvollkornmehl
2 TL Backpulver
6 EL Milch
ca. 500 g Kirschen oder Sauerkirschen

Guß:
2 EL Rum 40%
2 EL Wasser
1 EL Akazienhonig

Abb. folgende Seiten:
Frische Obstkuchen:
Pfirsich-Himbeer-Kuchen,
Birnenkuchen William,
Obstkuchen Regina,
Erdbeerkuchen

Kirschkuchen vom Blech

Hefeteig:
500 g Weizenvollkornmehl
200 g Dinkelvollkornmehl
¼ l Milch
40 g Hefe

¼ l Milch
150 g Butter
150 g Honig
½ TL Vollmeersalz
Schale von 1 Zitrone, unbehandelt

1 kg Kirschen oder Aprikosen, oder Äpfel, oder Zwetschgen

Guß:
20 g Butter
2 TL Honig

Abb. S. 20/21

Frisch gemahlenes Weizen- und Dinkelvollkornmehl in eine Schüssel geben, eine Vertiefung drücken und darin die in lauwarmer Milch aufgelöste Hefe mit etwas Mehl zu einem dicklichen Brei rühren. Mit Mehl bestreut 15 Minuten gehen lassen.

In der lauwarmen Milch Butter, Honig und Salz verrühren und mit der abgeriebenen Zitronenschale zum gegangenen Teig geben. Den weichen Teig mit einem Kochlöffel oder einem elektrischen Knetwerk gut schlagen, mit Mehl bestäuben und 30 Minuten gehen lassen.

Gegangenen Teig mit der nassen Hand oder mit Teigschaber auf gefettetes Backblech streichen, entsteinte Kirschen darauf verteilen und diese etwas in den Teig eindrücken. Dann 10 Minuten gehen lassen. Im vorgeheizten Ofen bei 200°, 2. Schiene von unten, 30 Minuten backen.

Butter und Honig in einer Pfanne zerlaufen lassen und den warmen Kuchen damit bestreichen.

Frisch schmeckt dieser Kirschkuchen am besten.

Der Teig kann auch mit entsteinten, halbierten Aprikosen oder Zwetschgen, oder dicken Apfelschnitzen belegt werden.

Königskuchen

100 g Sultaninen, ungeschwefelt
100 g Korinthen
60 g Zitronat
40 g Orangeat
4 EL Rum, 40%

Sultaninen und Korinthen waschen, Zitronat und Orangeat klein würfeln, alles mit Rum vermengen und ziehen lassen.

Butter und Honig cremig rühren und Eier nacheinander unter Rühren dazugeben. Unter das frisch gemahlene Weizenvollkornmehl Vanille, Salz und Backpulver mischen. Dieses langsam und abwechselnd mit der Milch dazurühren. Dann die mit Rum getränkten Trockenfrüchte unterheben.

Den Teig in eine (35 cm lang) oder zwei (25 cm lang) gefettete und gebröselte Kastenformen einfüllen und 60–75 Minuten auf der untersten Schiene bei 165° backen. Proben mit Holzstäbchen.

Fertig gebackenen Kuchen in der Form auf ein Gitter stellen und dann leicht abgekühlt auf dieses stürzen. Kuchen sofort wieder wenden.

Diesen Kuchen einige Tage vor dem Verzehr backen, damit er gut durchziehen kann. Er hält sich längere Zeit frisch.

Rührteig:
250 g Butter
200 g Honig
4 Eier

450 g Weizenvollkornmehl
2 MS Vanille
2 MS Vollmeersalz
4 TL Backpulver
¼ l Milch

Abb. S. 34

Marmorkuchen

Butter und Honig cremig rühren und Eier nacheinander unter Rühren dazugeben. Vanille, Salz, abgeriebene Zitronenschale und Backpulver unter das frisch gemahlene Weizenvollkornmehl mengen. Dieses langsam und abwechselnd mit der Milch dazurühren.

In eine gut gefettete und gebröselte Gugelhupfform zwei Drittel des Teiges füllen. Zum restlichen Teig Kakao und Honig rühren und diesen dunklen Teig über den hellen Teig in der Form verteilen. Nun eine Gabel spiralenförmig durch die Form ziehen, damit eine hell-dunkle Marmorierung entsteht.

Bei 165°, unterste Schiene, 1 Stunde backen. Probe mit Holzstäbchen. Nach dem Herausnehmen auf ein Kuchengitter stürzen und auskühlen lassen. Kuchen 1 Tag ruhen lassen.

Rührteig:
250 g Butter
250 g Honig
4 Eier

2 MS Vanille
2 MS Vollmeersalz
Schale von 1 Zitrone, unbehandelt
4 TL Backpulver
500 g Weizenvollkornmehl
¼ l Milch

3 EL dunkler Kakao
1 EL Honig

Abb. S. 40/41

Mohngugelhupf

Hefeteig:
500 g Weizenvollkornmehl
¼ l Milch
40 g Hefe

75 g Butter
75 g Honig
Schale von 1 Zitrone, unbehandelt
2 MS Vollmeersalz

Streumehl

Füllung:
250 g Mohn
¼ l Milch
100 g Mandeln
7 Bittermandeln
100 g Rosinen, ungeschwefelt
100 g Honig
3 EL Rum 40%
1 MS Vollmeersalz

Abb. S. 40/41

Teig: Frisch gemahlenes Weizenvollkornmehl in eine Schüssel geben, eine Vertiefung hineindrücken und darin die in lauwarmer Milch verrührte Hefe mit Mehl zu einem dicklichen Brei rühren. Mit Mehl bestäubt ca. 15 Minuten gehen lassen.

Zerlassene Butter, Honig, abgeriebene Zitronenschale und Salz zum gegangenen Vorteig geben und ca. 5–10 Minuten zu einem glatten Teig kneten. Mit Mehl bestäubt ca. 45 Minuten gehen lassen.

Füllung: Mohn mahlen (Mohnmühle oder Getreidemühle mit Keramik- oder Stahlmahlwerk, Einstellung wie bei Frischkornbrei), mit erhitzter Milch übergießen und ca. 15 Minuten quellen lassen. Dann fein gemahlene Mandeln und Bittermandeln (Rohkostmaschine: Feintrommel), gewaschene Rosinen, Honig, Rum und Salz dazurühren.

Fertigstellung: Gegangenen Teig auf bemehlter Arbeitsfläche in der Größe von ca. 30 x 40 cm (abhängig von der Größe der Backform) auswalken und mit der Mohnfüllung bestreichen. Teig von der Schmalseite zusammenrollen und Teigenden zusammendrücken, so daß ein Teigring entsteht. Diesen mit dem Teigschluß nach oben in eine gut gefettete Gugelhupf- oder Kranzbackform legen. Nochmals 30 Minuten gehen lassen.

Bei 170° auf der untersten Schiene 1 Stunde backen. Auf einem Gitter auskühlen lassen.

Mohnkuchen

Teig: Frisch gemahlenes Weizenvollkornmehl mit Backpulver, Zimt und Salz mischen. Honig dazurühren und mit kleingeschnittener Butter und Wasser zu einem glatten Teig kneten.
Teig 30 Minuten ruhen lassen, dann in eine Springform breiten und 3 cm Rand hochdrücken.

Füllung: Mohn mahlen (Mohn- oder Getreidemühle mit Keramik- oder Stahlmahlwerk, Einstellung wie bei Frischkornbrei), mit heißer Milch übergießen und 15 Minuten quellen lassen. Fein gemahlene Mandeln und Bittermandeln (Rohkostmaschine: Feintrommel), gewaschene Rosinen, Honig, Rum, abgeriebene Zitronenschale und Salz dazurühren.

Fertigstellung: Marmelade auf Teigboden streichen, Mohnfüllung glatt darüber verteilen und mit gehobelten Mandeln bestreuen.

Bei 175° auf der zweiten Schiene von unten 45 Minuten backen. Auf ein Gitter stellen, Springformrand entfernen und auskühlen lassen. Vom Springformboden Kuchen auf Porzellanplatte heben. Mit geschlagener Sahne servieren.

Mürbteig:
300 g Weizenvollkornmehl
1 TL Backpulver
1 TL Zimt
1 MS Vollmeersalz
100 g Butter
100 g Honig
3 EL Wasser

Füllung:
250 g Mohn
gut ¼ l Milch
100 g Mandeln
7 Bittermandeln
100 g Rosinen, ungeschwefelt
120 g Honig
3 EL Rum 40%
Schale von 1 Zitrone, unbehandelt
1 MS Vollmeersalz

150 g Orangen- oder Aprikosenmarmelade, honiggesüßt
25 g gehobelte Mandeln

Mohrenkuchen

Rührteig:
200 g Butter
200 g Honig
4 Eier
150 g Weizenvollkornmehl
150 g Dinkelvollkornmehl
3 EL Kakao oder Karobe
2 TL Backpulver
3 EL Rum 40%
6 EL Milch

zum Bestreuen:
2 EL gehobelte Mandeln

Abb. S. 34

Butter und Honig cremig rühren und Eier nacheinander dazugeben. Frisch gemahlenes Weizen- und Dinkelvollkornmehl mit Kakao oder Karobe und Backpulver mischen und darunterheben, zuletzt Rum und Milch dazugeben.

Teig in eine mit gefettetem Pergamentpapier ausgelegte Kastenform (25 cm) füllen und mit gehobelten Mandeln bestreuen.
Bei 165°, 2. Schiene von unten, ca. 1 Stunde backen. Probe mit Holzstäbchen.

Mit dem Papier aus der Form heben und auf einem Gitter auskühlen lassen.
Dieser Kuchen hält sich gut 1 Woche.

Nußzopf/Nußkranz

Hefeteig:
700 g Weizenvollkornmehl
⅛ l Milch
40 g Hefe

knapp ¼ l Milch
70 g Butter
2 Eidotter
Saft und Schale von 1 Zitrone, unbehandelt
1 MS Vollmeersalz
100 g Honig

Füllung:
3 Eiweiß
1 MS Vollmeersalz
250 g Honig
300 g Haselnüsse
3 EL dunkler Kakao oder Karobe
3 EL Rum 40%
4 EL Milch

zum Bestreichen:
1 Eidotter
1 TL Milch

Abb. S. 40/41

Frisch gemahlenes Weizenvollkornmehl in eine Schüssel geben, eine Vertiefung drücken und darin die in lauwarmer Milch verrührte Hefe mit etwas Mehl zu einem dicklichen Brei rühren. Mit Mehl bestreut 10 Minuten gehen lassen.

In der warmen Milch Butter und Honig verrühren und mit Eidotter, Salz, Saft und abgeriebener Schale der Zitrone zu dem Vorteig geben. Alles gut zu einem lockeren Teig kneten und diesen 30–45 Minuten gehen lassen.

Füllung: In den mit Salz steif geschlagenen Eischnee Honig einrühren, fein geriebene Haselnüsse und Kakao (oder Karobe) sowie Rum unterziehen. Die Füllung mit Milch streichfähig rühren.

Wenn sich der Teig etwa verdoppelt hat, auf einer bemehlten Arbeitsfläche nochmals kurz durchkneten und in 2 gleiche Teile schneiden.

Eine Teighälfte zu einem Rechteck in Backblechgröße auswalken, mit der Hälfte der Füllung bestreichen, von der längeren Seite her aufrollen und Rolle auf ein gefettetes Backblech legen.

Mit der zweiten Teighälfte ebenso verfahren.

Die beiden auf dem Backblech liegenden Teigrollen zu einem Zopf umeinanderschlingen. Teigenden ineinanderstecken und mit Wasser festkleben. Zugedeckt 15 Minuten gehen lassen, dann mit verdünntem Eigelb bestreichen und in den auf 250° vorgeheizten Ofen, unterste Schiene, schieben. Temperatur sofort zurückdrehen und den Zopf bei 180° ca. 45 Minuten backen. Rechtzeitig mit Butterbrotpapier abdecken, damit der Zopf nicht zu dunkel wird.
Aus dem Ofen nehmen und auf einem Gitter 1 Tag auskühlen lassen.

Nußkranz

Die gleiche Teigmenge wie oben ergibt auch einen großen Nußkranz (Kranzform ca. 30 cm ∅).

Das Bestreichen mit Eidotter entfällt, deshalb Dotter im Teig mitverarbeiten.
Teig ungeteilt auswalken, mit Füllung bestreichen, in eine große, gefettete, gebröselte Kranzform legen und 30 Minuten gehen lassen.
Bei 170°, unterste Schiene, 1 Stunde backen. Auf ein Kuchengitter stürzen und auskühlen lassen.

Zopf und Kranz sind gut 1 Woche haltbar.

Rührkuchen: Griechischer Nußkuchen, Barbarakuchen, Königskuchen, Mohrenkuchen

Obstkuchen Regina

Butter und Honig bei mäßiger Hitze zerfließen lassen. Mandeln in Wasser aufkochen, in ein Sieb gießen und sofort Schale lösen. In einem Tuch trockentupfen und in einer Pfanne, ohne Fett, leicht rösten. Dabei oft wenden, damit sie nicht anbrennen.

Frisch gemahlenes Weizenvollkornmehl mit fein geriebenen Mandeln, Vanille und Backpulver mischen. Abgekühltes Butter-Honig-Gemisch dazugeben und alles kurz durchkneten. Teig 1 Stunde ruhen lassen, dann in Obstkuchenform mit gerilltem Rand (∅ 28 cm) drücken und bei 200° auf mittlerer Schiene 15–20 Minuten backen. Auf einem Gitter auskühlen lassen.

Kuchenboden auf Porzellanplatte legen und mit Rohmarmelade bestreichen. Bananen schräg in Scheiben schneiden und damit schuppenartig einen Rand legen. Anschließend die Sauerkirschen legen und die Mitte mit in Scheiben geschnittenen Kiwis belegen.

Apfelsaft erhitzen, Honig, Agar-Agar und Zimt darin verrühren. Kurz vor dem Kochen vom Herd nehmen und eßlöffelweise von der Mitte nach außen Guß über das Obst gießen (erkalteter, danebengelaufener Guß kann nochmals erwärmt werden).

Obstkuchen gekühlt mit geschlagener Sahne reichen. Ist keine Obstkuchenform vorhanden (fehlt also die gerillte Verzierung am Kuchenrand) wird der Obstkuchenrand mit geschlagener Sahne verziert.

Mürbteig:
125 g Butter
125 g Honig

200 g Weizenvollkornmehl
100 g abgezogene Mandeln
2 MS Vanille, gemahlen
1 TL Backpulver

Belag:
200 g honiggesüßte Rohmarmelade
2 Bananen
250 g Sauerkirschen, frisch oder tiefgekühlt
2 Kiwis

Guß:
¼ l Apfelsaft, naturrein
1 TL Honig
1 TL Agar-Agar
2 MS Zimt

Titelbild u. Abb. S. 26/27

Obsttörtchen

Mürbteig:
350 g Weizenvollkornmehl
1 MS Vollmeersalz
2 MS Zimt
1 TL Backpulver
Schale von ½ Zitrone, unbehandelt
1 Ei
100 g Honig
125 g Butter

Belag:
150 g Marmelade, honiggesüßt
ca. 600 g frisches Obst oder Beeren, z. B. Erdbeeren, Himbeeren, Sauerkirschen, Bananen, Kiwis

Guß:
¼ l Apfelsaft, naturrein
1 EL Honig
1 TL Agar-Agar
2 MS Zimt

In einer Schüssel frisch gemahlenes Weizenvollkornmehl mit Salz, Zimt, Backpulver und abgeriebener Zitronenschale mischen. Eine Vertiefung drücken und darin Ei und Honig verrühren. Kalte Butter darüberschneiden und alles rasch zusammenkneten. Teig 30 Minuten ruhen lassen.
Dann in 8–9 Teile schneiden und in kleine Kuchenförmchen mit gewelltem Rand (∅ 10–11 cm) glatt hineindrücken.

Bei 175°, mittlere Schiene, 20–25 Minuten backen. Leicht abgekühlt auf ein Gitter stürzen. Diese Tortenböden können 2–3 Wochen aufgehoben (vor dem Austrocknen schützen) und bei Bedarf belegt werden.

Tortenböden mit Marmelade bestreichen und dicht mit frischem Obst oder Beeren belegen, entweder eine Sorte oder gemischt.

Apfelsaft mit Honig, Agar-Agar und Zimt verrührt erhitzen und eßlöffelweise über den Obstbelag gießen. Fertige Törtchen kühl stellen.
Mit geschlagener Sahne verziert reichen.

Prasselkuchen

Hefeteig:
400 g Weizenvollkornmehl
⅛ l Wasser
20 g Hefe

70 g Butter
70 g Honig
Schale von ½ Zitrone, unbehandelt
1 MS Vollmeersalz

Teig: Hefe in lauwarmem Wasser auflösen. Frisch gemahlenes Weizenvollkornmehl in eine Schüssel geben, Hefe in die Mitte gießen, zu einem dicklichen Brei verrühren und mit Mehl bedeckt 15 Minuten gehen lassen.

Dann zerlassene Butter (1 Teelöffel zurücklassen), Honig, abgeriebene Zitronenschale und Salz dazugeben und Teig ca. 5 Minuten kneten. Teig in der zurückgelassenen Butter wälzen und ca. 30 Minuten gehen lassen.

Belag: Sahne, Mandeln, Honig und Vanille aufkochen und abkühlen lassen.

Streusel: Frisch gemahlenes Weizenvollkornmehl mit Honig, weicher oder zerlassener Butter und Zimt verrühren. 30 Minuten in den Kühlschrank stellen.

Gegangenen Teig mit Nudelholz auf gefettetem Backblech auswalken (nasses Tuch unter das Blech legen). Abgekühlte Mandelmasse gleichmäßig darauf verstreichen und Streuselteig in kleinen Stückchen darüberbröckeln.

In den kalten Backofen schieben, 10 Minuten bei 100° auf mittlerer Schiene gehen lassen und anschließend 20 Minuten bei 200° backen. Blech auf Gitter auskühlen lassen.

Belag:
150 g Sahne
150 g blättrig geschnittene Mandeln
80 g Honig
1 MS Vanille

Streusel:
200 g Weizenvollkornmehl
100 g Honig
125 g Butter
1 TL Zimt

Abb. S. 20/21

Quark-Rührkuchen

Butter und Honig cremig rühren und nach und nach Eier, Schichtkäse, abgeriebene Zitronenschale, gewaschene Rosinen und fein geriebene Bittermandeln dazugeben.

Frisch gemahlenes Weizen- und Dinkelvollkornmehl mit Backpulver mischen und abwechselnd mit Milch darunterrühren.

In eine gut gefettete, gebröselte Kastenform (30 cm) füllen und in dem auf 175° vorgeheizten Ofen, unterste Schiene, 50–60 Minuten backen.

Auf ein Gitter stürzen und 1 Tag auskühlen lassen. Dieser Kuchen hält sich gut 1 Woche frisch.

Rührteig:
125 g Butter
150 g Honig
3 Eier
125 g Schichtkäse (= fester Quark)
Schale von 1 Zitrone, unbehandelt
100 g Rosinen, ungeschwefelt
12 Bittermandeln
300 g Weizenvollkornmehl
100 g Dinkelvollkornmehl
4 TL Backpulver
¼ l Milch

Rhabarberkuchen

Mürbteig:
250 g Weizenvollkornmehl
1 gestrichener TL Backpulver
1 MS Vollmeersalz
1 Ei
60 g Honig
80 g Butter

Belag:
800 g Rhabarber, netto

Guß:
100 g Schichtkäse
(= fester Quark)
2 Eidotter
2 MS Zimt
2 MS Vanille
130 g Honig
100 g Mandeln
8 bittere Mandeln
2 Eiweiß
1 MS Vollmeersalz

In einer Schüssel frisch gemahlenes Weizenvollkornmehl mit Backpulver und Salz mischen, in einer Vertiefung Ei und Honig verrühren und kalte Butter darüberschneiden. Alles rasch zu einem Teig zusammenkneten und diesen 30 Minuten ruhen lassen.

Springform (∅ 26 cm) mit Teig auslegen, 2 cm Rand hochdrücken und mit dem Teigrädchen glatt abrädeln.
Rhabarber waschen, in 1 cm lange Stücke schneiden (frischer Rhabarber kann ungeschält verwendet werden) und Teig damit eng belegen.

Im vorgeheizten Ofen bei 200°, mittlere Schiene, 10 Minuten vorbacken.

In den Schichtkäse Eidotter, Zimt, Vanille, Honig und fein geriebene Mandeln und Bittermandeln einrühren. Eiweiß mit Salz steif schlagen und unterheben.
Guß auf den vorgebackenen Kuchen streichen und diesen nochmals bei 175°, mittlere Schiene, 40–45 Minuten bis zur leichten Bräunung backen.

Auf einem Gitter auskühlen lassen und nach einigen Minuten Springformrand entfernen.

Schweizer Gugelhupf

Frisch gemahlenes Weizen- und Dinkelvollkornmehl in eine Schüssel geben, eine Vertiefung drücken und darin die in lauwarmer Milch aufgelöste Hefe mit etwas Weizenvollkornmehl zu einem dicklichen Brei rühren. Mit etwas Mehl bedeckt 15 Minuten gehen lassen.

Lauwarme zerlassene Butter, Honig, Eidotter, Zitronenschale und Salz zum gegangenen Vorteig geben. Dann verrühren und den sehr lockeren Teig gut durchschlagen, bis er Blasen wirft. Gewaschene Rosinen und gehackte Mandeln dazugeben. Eiweiß mit Salz steif schlagen und unter den Teig heben.

Teig in eine gut gefettete, gebröselte Gugelhupfform füllen und zugedeckt ca. 1 Stunde gehen lassen. Wenn sich das Teigvolumen knapp verdoppelt hat, bei 175°, unterste Schiene, 60 Minuten backen. Nach 45 Minuten eventuell mit Butterbrotpapier abdecken, falls der Kuchen zu dunkel wird.

Fertigen Gugelhupf aus der Röhre nehmen, auf ein Gitter stürzen und auskühlen lassen. Erst am folgenden Tag anschneiden.

Hefeteig:
250 g Weizenvollkornmehl
250 g Dinkelvollkornmehl
¼ l Milch
40 g Hefe

200 g Butter
150 g Honig
3 Eidotter
Schale von 1 Zitrone, unbehandelt
1 MS Vollmeersalz

200 g Rosinen, ungeschwefelt
100 g Mandeln
4 Eiweiß
1 MS Vollmeersalz

Abb. S. 40/41

Abb. folgende Seiten:
Napfkuchen und Gugelhupf:
Mohngugelhupf,
Schweizer Gugelhupf,
Marmorkuchen,
Nußkranz,
Spanischer Nußkranz

Spanischer Nußkranz

Rührteig:
250 g Butter
200 g Honig
4 Eier
1 MS Vollmeersalz
Schale von 1 Zitrone, unbehandelt
250 g Haselnüsse
⅜ l Milch
400 g Weizenvollkornmehl
3 TL Backpulver

Guß:
5 EL Rum 40%
5 EL Wasser
50 g Akazienhonig

Abb. S. 40/41

Butter und Honig cremig rühren und unter ständigem Rühren Eier nacheinander dazugeben. Salz, abgeriebene Zitronenschale und fein geriebene Haselnüsse dazurühren.

Frisch gemahlenes Weizenvollkornmehl mit Backpulver mischen und abwechselnd mit der Milch zum Teig rühren.

Teig in eine gefettete, gebröselte Kranzform füllen und bei 175°, unterste Schiene, ca. 1 Stunde backen (Probe mit Holzstäbchen).
Fertigen Kuchen auf ein Kuchengitter stürzen, Porzellanplatte darunterstellen. Rum, Wasser und Honig gut verrühren und die Flüssigkeit langsam und gleichmäßig über den warmen Kuchen gießen.

Einen Tag auskühlen lassen, auf einem weißen Spitzendeckchen anrichten und mit geschlagener Sahne reichen.

Dieser Kuchen hält sich gut 1 Woche frisch.

Streuselkuchen

Hefeteigzubereitung wie bei Hefebutterkuchen S. 18

Streusel:
400 g Weizenvollkornmehl
2 TL Zimt
2 MS Vanille
200 g Butter
240 g Honig

Streusel: Frisch gemahlenes Weizenvollkornmehl mit Zimt und Vanille mischen, mit zerlassener, abgekühlter Butter und Honig zu einem Teig rühren und diesen 30 Minuten kühl stellen.

Gegangenen Hefeteig auf gefettetem Backblech glatt auswalken und Streuselteig darüber verkrümeln. Teig nochmals 15 Minuten gehen lassen und dann bei 200°, mittlere Schiene, ca. 20 Minuten backen.
Blech zum Abkühlen auf ein Gitter stellen.

Streusel-Käsekuchen Lisa

Streuselteig:
300 g Weizenvollkornmehl
2 TL Backpulver
3 EL dunkler Kakao
150 g Honig
150 g Butter

Käsefüllung:
100 g Butter
125 g Honig
3 Eidotter
2 MS Vanille
1 EL Zitronensaft
500 g Schichtkäse
(= fester Quark)
30 g Weizenvollkornmehl
(= 3 EL)
3 Eiweiß
1 MS Vollmeersalz

Abb. S. 14

Streuselzubereitung: Das frisch gemahlene Weizenvollkornmehl mit Backpulver und Kakao mischen, Honig dazuwiegen und die kalte Butter darüberschneiden. Alles gut zusammenkneten und den Teig ½ Stunde in den Kühlschrank stellen.

Käsefüllung: Butter cremig rühren, Honig, Eidotter, Vanille und den frisch gepreßten Zitronensaft nacheinander dazurühren. Dann Quark und frisch gemahlenes Weizenvollkornmehl dazurühren. Eiweiß mit Salz steif schlagen und unterziehen.

In eine gefettete, gebröselte Springform (∅ 26 cm) etwas mehr als die Hälfte des Streuselteigs krümeln. Darüber die Käsefüllung streichen und auf dieser den restlichen Streuselteig verkrümeln. Im vorgeheizten Ofen bei 175°, unterste Schiene, 40–45 Minuten backen.

Springform zum Auskühlen auf ein Gitter stellen, Springformrand lösen. Nach dem Auskühlen Kuchen vorsichtig vom Springformboden heben.

Der Kuchen kann frisch gebacken oder einige Tage alt gegessen werden. Nach Belieben mit geschlagener Sahne reichen.

22.1.05 lecker

Walnußkuchen

Rührteig:
250 g Butter
250 g Honig
4 Eier
200 g Weizenvollkornmehl
200 g Dinkelvollkornmehl
3 TL Backpulver
3 EL dunkler Kakao oder Karobe
knapp ¼ l Milch
125 g Walnußkerne
4 EL Rum 40%

Butter und Honig cremig rühren, Eier nach und nach unter ständigem Rühren dazugeben. Frisch gemahlenes Weizen- und Dinkelvollkornmehl mit Backpulver und Kakao (oder Karobe) vermischt, abwechselnd mit Milch darunterrühren. Grob gehackte Walnüsse und Rum unterziehen.

Teig in eine gut gefettete und gebröselte Kastenform (30 cm) füllen und bei 165°, unterste Schiene, ca. 1 Stunde backen (Probe mit Holzstäbchen).

Nach dem Backen ca. 10 Minuten auf einem Kuchengitter in der Form auskühlen lassen, dann aus der Form nehmen und weiter auskühlen lassen.
Bis zum Verzehr 1–2 Tage durchziehen lassen.

Wiener Aprikosenkuchen

Rührteig:
200 g Butter
200 g Honig
4 Eier
350 g Weizenvollkornmehl
2 TL Backpulver
Schale von 1 Zitrone, unbehandelt
6 EL Milch

500–700 g Aprikosen, je nach Größe

Abb. S. 8

Butter und Honig cremig rühren, nach und nach die Eier dazugeben. Das frisch gemahlene Weizenvollkornmehl mit Backpulver und der abgeriebenen Zitronenschale mischen und mit der Milch dazurühren.

⅔ des Teiges in eine gefettete, bemehlte Springform (Ø 26 cm) streichen. Aprikosen halbieren, eng auf den Teig legen und den restlichen Teig darüber verteilen.

Bei 180°, unterste Schiene, ca. 40 Minuten backen.

Zum Auskühlen auf ein Kuchengitter stellen und nach ca. 15 Minuten Springformrand wegnehmen. Nach dem Erkalten vom Springformboden heben.

Zitronen-Mandel-Kuchen

Frisch gemahlenes Weizenvollkornmehl mit Backpulver und Salz in einer Schüssel mischen. In der Mitte Eier (½ Dotter zum Bestreichen zurückbehalten) und Honig mit Mehl vermengen, kalte Butter klein darüberschneiden und alles rasch zusammenkneten. Teig 30 Minuten ruhen lassen.

Mit ⅔ des Teiges eine Springform (∅ 26 cm) auslegen, 2 cm Rand hochziehen und mit dem Teigrädchen glatt abrädeln.

Mandeln und Bittermandeln fein reiben, mit Honig, fein geschnittenem Zitronat und Orangeat, abgeriebener Zitronenschale und Zitronensaft und Weißwein gut vermengen. Die Füllung auf den Boden der Springform streichen.

Restlichen Teig auf bemehlter Arbeitsfläche auswalken und mit dem Teigrädchen in 12 Streifen, 1 cm breit, rädeln. Kuchen mit den Teigstreifen gitterförmig belegen (6 Streifen in einer Richtung, die restlichen 6 Streifen so darüberlegen, daß ein Rautenmuster entsteht). Das Gitter mit dem zurückgelassenen Eidotter, vermischt mit 1 TL Wasser, bestreichen.

Bei 180°, mittlere Schiene, ca. 30–40 Minuten backen.

Nach dem Backen vorsichtig den warmen Kuchen mit Zitronensaft, vermischt mit Weißwein, tränken (zwischen die Gitter gießen).

Auf einem Gitter auskühlen und 2 Tage durchziehen lassen.
Bei kühler Lagerung 10–14 Tage haltbar.

Mürbteig:
350 g Weizenvollkornmehl
1 TL Backpulver
1 MS Vollmeersalz
2 Eier
80 g Honig
100 g Butter

Füllung:
250 g Mandeln
8 Bittermandeln
125 g Honig
50 g Zitronat
30 g Orangeat
Saft und Schale von 1 Zitrone, unbehandelt
⅛ l Weißwein

Saft von 1 Zitrone, unbehandelt
4 EL Weißwein

Zwetschgendatschi

Hefeteig:
500 g Weizenvollkornmehl
⅛ l Milch
30 g Hefe

⅛ l Milch
50 g Butter
100 g Honig
2 MS Vollmeersalz
Schale von 1 Zitrone, unbehandelt

2½ kg Spätzwetschgen
Zimt

Abb. S. 20/21

Frisch gemahlenes Weizenvollkornmehl in eine Schüssel geben, eine Vertiefung drücken und darin die in lauwarmer Milch aufgelöste Hefe mit einem Teil des Mehls zu einem dicklichen Brei rühren. Mit Mehl bestreut ca. 15 Minuten gehen lassen.

In die lauwarme Milch Butter, Honig und Salz verrühren, dieses zum gegangenen Teig gießen und Zitronenschale dazureiben. Alles gut zu einem glatten Teig verkneten und diesen 45 Minuten gehen lassen.

Gegangenen Teig auf einem gefetteten, bemehlten Backblech auswalken, einen 1 cm hohen Rand hochdrücken und dicht mit entkernten, 2 mal eingeschnittenen Zwetschgen belegen.

Im vorgeheizten Ofen bei 200°, 2. Schiene von unten, 30 Minuten backen. Noch warm mit Zimt bestreuen.

Frisch und lauwarm gegessen, schmeckt der Datschi am besten.

Frühzwetschgen bilden beim Backen sehr viel Saft, deshalb müssen diese auf einem Backblech mit allseitigem Rand gebacken werden.
Meistens sind Frühzwetschgen sehr sauer, daran ändert auch das Backen nichts. Es ist deshalb zu empfehlen, honiggesüßte Sahne zum Datschi zu reichen.

Tiefgekühlte Zwetschgen eignen sich nur aufgetaut und abgetropft zum Belegen eines Hefeteiges.

Qualitätsansprüche an Lebensmittel

Beim Kauf von Lebensmitteln sollten Sie darauf achten, daß diese aus ökologischem/biologischem Anbau stammen und von einer der inzwischen über 60 Bio-Organisationen kontrolliert werden. Die wichtigsten Organisationen in Europa und USA sind:

Internationale Dachorganisation IFOAM (International Federation of Organic Agriculture Movements), ANOG (BRD), Demeter-Bund (BRD), Biokreis Ostbayern (BRD), Bioland (BRD), FESA (F), Nature et Progrès (F), Vida Sana (E), Demeter-Bund (A), ORBI (A), ERNTE - für das Leben, Bio-Grain (NZ), FVO (USA), OCIA (USA), CCOF (USA).

Als erstes europäisches Land hat Österreich den biologischen Anbau gesetzlich geregelt.

Die entsprechende Deklaration gibt Ihnen die Sicherheit, Produkte aus kontrolliertem biologischem Anbau gekauft zu haben. Sie sind die Grundlage einer gesunden Ernährung.

Der biologische Landbau leistet überdies einen wesentlichen Beitrag zur Vermeidung von Umweltbelastungen.

* Auch erhältlich als ECON Taschenbuch: Biologisch kochen und backen / Die Biokost für mein Kind